Stéphanie de Turckheim

Délices de Noël

Tana
éditions

Avant-propos

Nous vous proposons dans cet ouvrage toutes sortes de petits délices pour Noël. Des biscuits secs, des gâteaux à partager, des friandises et des idées de décorations pour la table ou le sapin de Noël.

Cette période de l'année où l'hiver et le froid se sont installés est propice à la cuisine. La chaleur du four, la bonne odeur des épices et des gâteaux qui cuisent donnent un avant-goût des fêtes à venir.

En général, les préparations pour Noël commencent dès le premier week-end de l'Avent. On réalisera en premier tous les petits biscuits secs, que l'on gardera dans des boîtes en fer afin que les épices et les arômes se diffusent bien. Ensuite viendra le temps de quelques décorations, des friandises puis des gâteaux à partager.

Quelle joie ensuite d'offrir aux amis et à la famille un bon thé chaud, un chocolat à la vanille ou un vin chaud à la cannelle accompagné de petits biscuits maison.

C'est aussi à cette époque que vous trouverez facilement partout tous les fruits secs, fruits confits et épices dont vous aurez besoin. N'hésitez pas à faire des variantes, à mélanger les épices, à rajouter des fruits confits, de la pâte d'amandes ou des raisins. À Noël, tout est permis, alors, régalez-vous !

Sommaire

À partager 50

Le matériel

Afin de réaliser le plus facilement possible les petites gourmandises de Noël et vos gâteaux en règle générale, mieux vaut utiliser un matériel adapté. Vous gagnerez du temps et réussirez à tous les coups vos préparations.

Petite liste des ustensiles

- *Toile en silicone :*
  investissez dans une toile silpat ou en silicone. Cela vous évitera d'utiliser des rouleaux de papier sulfurisé et de graisser à chaque utilisation votre plaque à four, puis de la laver. La toile en silicone permet d'y déposer les petits gâteaux sans gras ni farine. La plaque à four reste propre, et la toile se nettoie sous l'eau avec une éponge.
- *Des plaques de petits moules :*
  c'est très pratique, et cela se démoule sans aucune difficulté.
- *Des petits et grands moules à cake :*
  à biscuit, à manqué, à charlotte… aux formes de Noël – sapin, étoiles…
- *Un lot d'emporte-pièces :*
  de formes diverses.
- *Un pinceau à pâtisserie :*
  les dorures seront plus uniformes, et cela vous permettra aussi de graisser des moules sans utiliser trop de gras.
- *Deux grilles à pâtisserie :*
  une seule ne suffit pas toujours, les petits gâteaux se faisant en général en grande quantité.
- *Un grand saladier ou cul-de-poule :*
  plus c'est grand, mieux c'est ; cela vous permet de pétrir à la main avec plus d'aisance.
- *Une maryse :*
  très pratique pour racler les casseroles et ne rien laisser.
- *Des cuillères en bois.*
- *Une poche à douille :*
  pour les spritz ou les macarons, par exemple.
- *Un zesteur :*
  pour obtenir très rapidement des zestes plus fins qu'au couteau.
- *Un économe :*
  pour faire des copeaux de chocolat.
- *Un grand rouleau à pâtisserie en bois :*
  incontournable pour étaler la pâte.
- *Une spatule :*
  elle vous permettra de lisser les crèmes ou le chocolat facilement et de façon uniforme.
- *Un saupoudrier à sucre glace ou à chocolat.*
- *Un batteur électrique.*
- *Des boîtes en fer :*
  pour conserver les biscuits.
- *Un four bien réglé.*
- *Un tablier et, surtout, des gants ou des maniques bien isolants !*

Les conseils

Trucs pratiques

- Pensez à préparer vos petits gâteaux de Noël dès le début du mois de décembre. Les petits gâteaux secs de type croissants à la vanille, biscuits aux amandes, sablés au beurre ou à la cannelle, pains d'anis... se conservent très bien et sont surtout meilleurs un peu rassis.
- De même pour les gâteaux traditionnels comme le pudding de Noël, qui se prépare des mois à l'avance, ou les pains de fruits secs, Baerewecke et Christstollen. Sans oublier bien évidemment le pain d'épice.
- Regardez bien la liste des ingrédients avant de faire vos courses, elle est parfois assez longue et comporte parfois des produits peu courants.
- Les épices ont de l'importance – il faut les utiliser avec précaution et en respectant les doses.
- Respectez bien les temps de repos de la pâte. Cela vous évitera des surprises de type pâte collante, molle…
- Le repos permet une bonne diffusion des saveurs dans les pâtes contenant des épices.
- Faites très attention à la cuisson et surveillez les gâteaux attentivement. Les temps de cuisson et la température du four sont toujours indiqués, mais, chaque four étant différent et la cuisson des gâteaux capitale, vérifiez le socle pour les petits gâteaux (il doit être brun) et piquez un spaghetti, pour vérifier la cuisson intérieure, dans les grands gâteaux.

Idées déco

- Amusez-vous avec des glaçages au citron, à l'orange, ou avec du kirsch. Vous pourrez les colorer avec quelques gouttes de colorant alimentaire.
- À l'aide des emporte-pièces de Noël, réalisez des formes en chocolat ou en pâte d'amandes vous-même.
- Modelez la pâte d'amandes et recréez l'histoire de Noël.
- Utilisez les mignardises pour décorer les gâteaux, mais aussi la table de fête.
- Utilisez les fruits confits, car, avec les bougies, les couleurs scintillent et donnent un véritable air de fête à vos gâteaux. C'est aussi beau que bon !
- Le sucre glace est aussi bienvenu. Il permet un revêtement plus léger sur des gâteaux déjà très riches. Vous pouvez découper des formes et réaliser des pochoirs, ou simplement saupoudrer vos préparations.
- Le chocolat va vous permettre de créer des décors. Jouez sur les couleurs de chocolat – blanc, brun, noir. Façonnez des copeaux à l'aide d'un économe.
- Achetez des décors en sucre de Noël pour les enfants et grands enfants : père Noël, nains, champignons, anges, billes argentées, poudre d'or, feuilles de houx…

À croquer

Biscuits italiens aux amandes (cantucci)

300 g d'amandes
5 œufs
300 g de sucre en poudre
300 g de farine avec levure
100 g de fécule
200 g de poudre d'amandes

1 • Faire griller à sec les amandes dans une poêle.
2 • Mélanger les œufs et le sucre avec un batteur jusqu'à obtention d'une crème.
3 • Ajouter la farine, puis la fécule et la poudre d'amandes. Bien mélanger, la pâte doit être homogène.
4 • Incorporer les amandes grillées.
5 • Préchauffer le four à 180 °C (th. 6).
6 • Façonner des boudins de pâte et les déposer, en les espaçant, sur une plaque à four garnie de papier sulfurisé. Cuire 15 min, en surveillant. Il faut que la pâte brunisse.
7 • Sortir la plaque du four et laisser refroidir 10 min. Couper des tranches de 1 cm et remettre à cuire 10 min en retournant les biscuits à mi-cuisson.

Macarons parisiens

200 g de sucre glace
125 g de poudre d'amandes
3 c. à c. de cacao en poudre non sucré
3 œufs à température ambiante
1 pincée de sel
30 g de sucre en poudre
80 g de beurre
120 g de chocolat
1 c. à s. de crème fraîche

1 • Mixer très finement le sucre glace, la poudre d'amandes et le cacao.

2 • Casser les œufs et ne garder que les blancs (conserver les jaunes pour une autre recette). Battre ceux-ci en neige avec une pincée de sel et ajouter le sucre petit à petit, quand les blancs commencent à prendre.

3 • Incorporer les blancs d'œufs très délicatement, sans les casser, au mélange précédent. Le tout doit être bien brillant.

4 • Remplir une poche à douille et déposer des petites noisettes de pâte sur une plaque garnie d'une toile en silicone. Bien espacer les macarons, car ils s'étalent en cuisant. Laisser croûter les macarons à l'air libre environ 30 min.

5 • Préparer une ganache au chocolat. Faire fondre à feu doux le beurre avec le chocolat, puis ajouter une cuillerée de crème fraîche. Mélanger vivement et attendre que la ganache refroidisse.

6 • Préchauffer le four à 180 °C (th. 6).

7 • Cuire les macarons 10 min. Les décoller délicatement à l'aide d'une spatule, puis laisser refroidir sur une grille avant de les garnir.

8 • Glisser la ganache dans une poche à douille et en garnir une moitié de macaron, puis superposer l'autre moitié dessus.

Biscuits aux fruits confits

3 œufs
150 g de sucre en poudre
100 g de farine avec levure
100 g de noix hachées
100 g d'amandes effilées
120 g de fruits confits (cerises, citrons, oranges...)
1 c. à c. de kirsch

1 • Casser les œufs dans un saladier puis les battre en mousse.

2 • Ajouter le sucre sans cesser de battre, jusqu'à obtention d'une crème lisse.

3 • Ajouter ensuite la farine, les noix, les amandes effilées, les fruits confits et le kirsch. Mélanger avec une cuillère en bois.

4 • Préchauffer le four à 140 °C (th. 4-5).

5 • Garnir une plaque à four de papier sulfurisé et y couler la pâte en un rectangle ou un carré de 1 cm d'épaisseur environ.

6 • Cuire 20 min. Découper en petits rectangles ou en bâtonnets dès la sortie du four.

Étoiles au citron

250 g de farine avec levure
1 pincée de sel
80 g de sucre glace
1 citron (zeste et jus)
1 jaune d'œuf
100 g de beurre ramolli
200 g de sucre glace
2 c. à s. de jus de citron

1 • Mettre la farine et le sel dans un saladier et y creuser une fontaine.

2 • Ajouter le sucre glace, les zestes et deux cuillerées à soupe de jus de citron, ainsi que le jaune d'œuf. Mélanger avec une partie de la farine. Si la texture paraît trop sèche, ajouter une cuillerée à soupe de lait.

3 • Ajouter le beurre coupé en petits morceaux. Pétrir avec les mains, puis former une boule et laisser reposer 1 h au frais.

4 • Préchauffer le four à 160 °C (th. 5-6).

5 • Abaisser la pâte au rouleau et découper des étoiles à l'emporte-pièce.

6 • Déposer les étoiles sur une plaque garnie d'une feuille de papier sulfurisé et cuire 10 min environ.

7 • Laisser refroidir sur une grille, puis glacer les étoiles. Pour cela, mélanger le sucre glace et le citron. Remuer jusqu'à ce que le mélange soit bien brillant, puis en déposer une couche sur les étoiles, à l'aide d'une petite cuillère ou d'un pinceau. Laisser sécher.

Variante

Décorer avec des billes dorées.

Étoiles filantes au sucre

225 g de farine + 10 g pour le plan de travail
150 g de beurre ramolli
125 g de sucre en poudre + 3 c. à s. pour la finition
1 jaune d'œuf pour dorer

1 • Mettre la farine dans un grand bol. Couper le beurre ramolli en morceaux et l'ajouter à la farine.
2 • Mélanger du bout des doigts et ajouter le sucre.
3 • Pétrir jusqu'à obtention d'une pâte ferme. Former ensuite une boule.
4 • Fariner le plan de travail et abaisser la pâte sur 1 cm d'épaisseur.
5 • Découper des étoiles filantes à l'emporte-pièce et les déposer sur une plaque à four garnie de papier sulfurisé.
6 • Préchauffer le four à 180 °C (th. 6).
7 • Dorer les étoiles avec le jaune d'œuf puis les saupoudrer de sucre. Cuire 15 min environ, puis laisser refroidir sur une grille.

Cœurs à la confiture

250 g de farine + 10 g pour le plan de travail
100 g de sucre en poudre
1 pincée de sel
1 goutte de liqueur d'amande amère
1 œuf
125 g de beurre ramolli
1 pot de confiture de framboises
2 c. à s. de sucre glace

1 • Mettre la farine dans un saladier et y creuser une fontaine.
2 • Ajouter le sucre, le sel, l'amande amère et l'œuf. Mélanger.
3 • Incorporer le beurre par petits morceaux, puis former une boule et laisser 2 h au frais.
4 • Abaisser la pâte sur un plan de travail fariné et découper des cœurs à l'emporte-pièce.
5 • Préchauffer le four à 160 °C (th. 5-6).
6 • Déposer les formes sur une plaque garnie de papier sulfurisé et ajourer un cœur sur deux avec un emporte-pièce cœur de taille plus petite.
7 • Cuire 10 min, puis laisser refroidir sur une grille.
8 • Déposer une petite cuillerée à café de confiture de framboises sur les cœurs pleins et ajouter par-dessus le cœur ajouré. Saupoudrer de sucre glace.

Sablés à l'ancienne

250 g de beurre ramolli
250 g de sucre en poudre
2 œufs
Sucre vanillé
500 g de farine

1 • Mélanger le beurre ramolli et le sucre, puis ajouter les œufs et le sucre vanillé.
2 • Ajouter progressivement la farine.
3 • Rouler en boule et laisser au frais 4 h.
4 • Préchauffer le four à 180 °C (th. 6).
5 • Étaler la pâte au rouleau sur 4 mm d'épaisseur et y découper des formes diverses à l'emporte-pièce.
6 • Cuire environ 10 min, puis laisser refroidir sur une grille.

Variante

Dorer les sablés au jaune d'œuf.

Étoiles à la cannelle

4 blancs d'œufs
500 g de sucre en poudre + 6 c. à s. pour le plan de travail
500 g de poudre d'amandes
1 c. à s. de cannelle
1/2 c. à c. de clous de girofle en poudre
1 jus de citron + 2 c. à s. pour le glaçage
250 g de sucre glace

1 • Battre les blancs d'œufs en neige ferme. Ajouter le sucre petit à petit, tout en continuant à battre, afin d'obtenir un mélange lisse et brillant.

2 • Incorporer la poudre d'amandes, les épices et le jus de citron. Bien mélanger, puis laisser reposer la pâte une nuit au frais.

3 • Préchauffer le four à 160 °C (th. 5-6).

4 • Saupoudrer le plan de travail de sucre en poudre et abaisser la pâte sur 1 cm d'épaisseur. La pâte est délicate et très collante. Former des étoiles à l'aide d'un emporte-pièce (tremper souvent celui-ci dans l'eau froide, pour éviter que la pâte ne colle trop).

5 • Faire cuire 10 minutes environ en surveillant. Sortir du four et laisser refroidir les étoiles sur une grille.

6 • Verser le sucre glace dans un bol et ajouter quelques gouttes de jus de citron. Mélanger jusqu'à l'obtention d'une pâte blanche. Glacer les étoiles et laisser sécher.

Truffes au chocolat

200 g de chocolat extranoir
60 g de beurre ramolli
25 cl de crème fleurette
50 g de cacao en poudre non sucré

1 • Casser le chocolat en morceaux et couper le beurre en lamelles. Mettre le chocolat dans un bol.
2 • Faire chauffer la crème jusqu'à frémissement.
3 • Verser la crème sur le chocolat et fouetter jusqu'à ce que celui-ci soit entièrement dissous.
4 • Ajouter le beurre, tout en continuant à fouetter. Le mélange doit être bien lisse.
5 • Laisser refroidir à température ambiante, puis laisser au frais pendant 3 h.
6 • Verser le cacao en poudre dans une assiette. Façonner des petites boules à la main, puis les rouler dans le chocolat.

Variante

Ajouter une cuillerée à soupe de sucre glace.

Écorces d'orange au chocolat

2 oranges non traitées
20 cl d'eau
150 g de sucre en poudre
1 c. à s. de glucose
100 g de chocolat noir

1 • Peler les oranges en réservant un peu de pulpe.
2 • Couper la peau en tranches d'environ 1/2 cm.
3 • Blanchir les zestes en les plongeant au moins quatre fois dans de l'eau bouillante.
4 • Réaliser un sirop en faisant chauffer l'eau et le sucre. Porter à ébullition et ajouter les zestes d'orange. Laisser bouillir quelques minutes.
5 • Ajouter le glucose au mélange.
6 • Retirer les zestes avec une passoire et laisser sécher sur une grille au moins 2 h.
7 • Faire fondre le chocolat au bain-marie. Y tremper les zestes un à un et laisser sécher sur une grille.

Variante

Ajouter une cuillerée à soupe de sucre glace.

Fruits déguisés

Dattes et pruneaux
Pâte d'amandes
200 g de sucre en poudre
100 g de sucre cristallisé
Cerneaux de noix

1 • Ouvrir les dattes et les pruneaux en deux, et retirer le noyau.
2 • Faire ramollir la pâte d'amandes dans la paume des mains et façonner des petits tronçons.
3 • Remplir les dattes et les pruneaux de pâte d'amandes.
4 • Réaliser un sirop en mélangeant dans une casserole le sucre en poudre avec un verre d'eau. Chauffer, puis faire cuire quelques minutes.
5 • Badigeonner au pinceau les fruits de sirop, puis rouler dans le sucre cristallisé. Ajouter un cerneau de noix sur le dessus.
6 • Laisser sécher.

Pâte de coings

1 kg de coings
400 g de sucre en poudre + 20 g pour la plaque

1 • Éplucher les coings, les couper en quatre et ôter les pépins.
2 • Mettre les épluchures et les pépins dans une mousseline.
3 • Remplir une casserole d'eau, ajouter les coings, le sucre et la mousseline.
4 • Faire cuire 20 min à feu doux, puis réserver tel quel pendant une nuit.
5 • Retirer les coings et les mixer.
6 • Étaler la pâte sur une plaque et saupoudrer de sucre. Laisser sécher quelques jours, puis découper en petits carrés.

Étoiles à la pâte d'amandes et au chocolat

250 g de poudre d'amandes
250 g de sucre glace
1 c. à c. de liqueur d'amande amère
Sucre glace
1 plaquette de chocolat
Noix de coco râpée

1 • Mixer la poudre d'amandes et le sucre glace.
2 • Ajouter l'amande amère et former une boule. Laisser reposer au frais.
3 • Saupoudrer le plan de travail de sucre glace.
4 • Étaler la pâte d'amandes au rouleau.
5 • Y découper des étoiles à l'emporte-pièce.
6 • Faire fondre doucement le chocolat puis en recouvrir les étoiles et les saupoudrer de noix de coco râpée.

Cerises à l'eau-de-vie

1 pot de cerises au kirsch
Sucre glace
200 g de fondant
200 g de chocolat

1 • Égoutter les cerises pendant toute une nuit au-dessus d'un saladier et réserver le jus.
2 • Verser du sucre glace sur une plaque à pâtisserie.
3 • Chauffer doucement le fondant au bain-marie, afin de le ramollir, puis ajouter un peu d'alcool de cerise jusqu'à ce que le fondant soit bien liquide.
4 • Tremper les cerises une à une dans le fondant en les tenant par la queue, puis les poser sur le sucre glace.
5 • Faire des copeaux de chocolat à l'aide d'un économe.
6 • Faire fondre le chocolat noir au bain-marie et y tremper les cerises.
7 • Les poser, une à une, sur les copeaux de chocolat, en évitant qu'elles ne se touchent. Laisser sécher quelques heures.

Bouchées beurre de cacahuètes et chocolat

50 g de sucre roux
150 g de sucre glace
70 g de beurre ramolli
200 g de beurre de cacahuètes
200 g de chocolat noir

1 • Mettre dans le bol le sucre roux, le sucre glace, 50 g de beurre et le beurre de cacahuètes. Mélanger jusqu'à obtention d'un mélange homogène.
2 • Chemiser un moule de papier sulfurisé, puis verser la pâte. Bien tasser et égaliser la surface à la spatule.
3 • Faire fondre le chocolat et le reste de beurre au bain-marie.
4 • Verser sur le mélange précédent.
5 • Laisser prendre 3 h au réfrigérateur, puis découper en petits carrés.

Fudge aux noisettes

500 g de chocolat
1 boîte de lait concentré sucré (environ 30 cl)
1 pincée de sel
1 c. à c. de vanille liquide
125 g de noisettes entières

1 • Faire fondre le chocolat à feu très doux.
2 • Ajouter le lait concentré sucré, le sel, la vanille et les noisettes.
3 • Remuer jusqu'à obtention d'une masse homogène.
4 • Attendre que le mélange refroidisse.
5 • Verser le mélange sur une feuille de papier sulfurisé, de manière à former une bande.
6 • Enrouler en tenant le papier sulfurisé bien serré et mettre dans du papier d'aluminium.
7 • Garder une nuit au réfrigérateur.
8 • Découper en petits morceaux.

Variante

Remplacer les noisettes par des noix ou bien des amandes.

Bonshommes en pain d'épice

340 g de farine
1 c. à s. d'épices à pain d'épice
1 c. à c. de levure chimique
5 c. à s. de miel de sapin
180 g de sucre roux
120 g de beurre
1 œuf
Perles argentées
Perles de sucre
Raisins secs
Tube de glaçage

1 • Verser la farine dans un saladier et y creuser un puits.
2 • Ajouter les épices et la levure.
3 • Verser le miel dans une casserole, puis ajouter le sucre et le beurre.
4 • Faire fondre le tout à feu doux en remuant avec une cuillère en bois. Cuire 10 min.
5 • Verser le mélange dans la farine, puis remuer.
6 • Ajouter l'œuf et pétrir à la main.
7 • Faire une boule et réserver au frais 20 min.
8 • Préchauffer le four à 180 °C (th. 6).
9 • Garnir la plaque à four de papier sulfurisé. Étaler la pâte au rouleau.
10 • Découper des formes à l'emporte-pièce et faire les yeux, la bouche et les boutons à l'aide d'une allumette, puis cuire 10 min.
11 • Laisser refroidir sur une grille. Décorer de perles et de raisins secs en les faisant tenir avec une goutte de glaçage. Laisser sécher.

Florentins

100 g d'écorces de citron et d'orange confits
20 g de pignons
20 g de noisettes
20 g de pistaches
150 g de sucre en poudre
50 g de miel liquide
160 g de crème fraîche
100 g d'amandes effilées
150 g de chocolat noir

1 • Préchauffer le four à 160 °C (th. 5-6). Couper les écorces de citron et d'orange en petits cubes.

2 • Concasser grossièrement les pignons, les noisettes et les pistaches dans la cuve du mixeur.

3 • Verser le sucre, le miel et la crème dans une casserole puis bien mélanger. Porter ensuite le mélange à ébullition et laissez-le cuire environ 5 min.

4 • Ajouter les amandes, les pignons, les noisettes, les pistaches et les cubes de citron et d'orange.

5 • Garnir la tôle du four d'une feuille de papier sulfurisé. Déposer des disques de pâte à l'aide d'une cuillère à café. En cuisant, le mélange va s'étaler.

6 • Enfourner et faire cuire les florentins 10 à 15 min jusqu'à ce qu'ils prennent une jolie couleur dorée.

7 • Sortir les florentins du four et les décoller délicatement puis les faire sécher sur une grille.

8 • Faire fondre doucement le chocolat au bain-marie et y tremper les florentins afin que la base soit en chocolat. Laisser sécher à l'envers.

Rochers coco

50 g de noix de coco râpée
125 g de sucre en poudre
2 blancs d'œufs

1 • Préchauffer le four à 180 °C (th. 6). Verser la poudre de coco dans un saladier, ajouter le sucre en poudre et mélanger.
2 • Battre légèrement à la fourchette les blancs d'œufs dans un bol puis les incorporer à la préparation précédente. Bien mélanger le tout, on obtient une pâte molle et brillante.
3 • Garnir une plaque à four de papier sulfurisée et y déposer des petits tas de pâte. Les façonner en pyramide. Il est recommandé de ne pas faire de trop petits rochers car ils sont meilleurs quand le cœur est bien moelleux.
4 • Laisser cuire en surveillant 8 à10 min. Laisser ensuite refroidir sur une grille.

Variante

On peut également réaliser cette recette en battant les œufs en neige avec une pincée de sel. Pour les gourmands, tremper le haut du rocher dans du chocolat noir.

Mendiants

200 g de chocolat noir
200 g de chocolat au lait
100 g de raisins secs
100 g d'amandes mondées
100 g de pistaches
100g de noisettes

1 • Faire fondre le chocolat noir au bain-marie.
2 • Garnir une plaque à four de papier sulfurisé et, à l'aide d'une cuillère à café, y déposer des ronds de chocolat noir. Faire de même avec le chocolat au lait.
3 • Déposer ensuite les fruits secs de façon harmonieuse. Laisser sécher.

Variante

On peut également utiliser du chocolat blanc. Varier les fruits secs et y ajouter des canneberges ou des fruits confits tels que gingembre, ananas, orange ou papaye.

À partager

Couronne de l'Avent

250 g de beurre
5 œufs
250 g de sucre en poudre
250 g de farine avec levure
3 citrons
100 g de sucre glace + 3 c. à s. pour la finition
Cerises confites
Feuilles de houx en pain azyme

1 • Dans un saladier, tourner le beurre en mousse.
Ajouter alternativement les œufs et le sucre puis ajouter la farine.

2 • Préchauffer le four à 180 °C (th. 6).

3 • Verser la pâte dans le moule et faire cuire environ 1 h.
Laisser refroidir.

4 • Presser le jus des citrons et le mélanger au sucre glace.

5 • À l'aide d'une aiguille à tricoter, piquer le dessus et l'intérieur du gâteau, et l'arroser de jus de citron.

6 • Attendre que le gâteau soit bien froid pour le démouler.
Saupoudrer de sucre glace, décorer de cerises confites et de feuilles de houx.

Pain d'épice au miel

400 g de miel de sapin
400 g de farine de seigle
2 sachets de levure chimique
1 c. à s. d'épices à pain d'épice
2 œufs
80 g de beurre ramolli
1 pincée de sel

1 • Dans une casserole, porter doucement le miel à ébullition.
2 • Verser dans un saladier la farine, la levure et les épices.
3 • Ajouter le miel et mélanger, puis pétrir la pâte jusqu'à obtention d'une masse épaisse.
4 • Ajouter les œufs un à un, puis le beurre et le sel. Pétrir 10 min environ, puis laisser reposer au moins 2 h.
5 • Préchauffer le four à 180 °C (th. 6).
6 • Verser la pâte dans un moule à cake et cuire environ 45 min.
7 • Démouler sur une grille et laisser refroidir avant de servir.

Panettone

1 cube de levure de boulanger
1 verre de lait tiède
1 c. à s. de sucre en poudre
400 g de farine
1 c. à c. de sel
2 jaunes d'œufs
80 g de beurre ramolli
100 g de raisins secs
80 g de fruits confits en dés

1 • Délayer la levure dans le lait et ajouter le sucre. Laisser reposer et fermenter 20 min.

2 • Dans un saladier, mettre la farine et le sel ; creuser un puits.

3 • Ajouter la levure puis les jaunes d'œufs et mélanger. Ajouter au fur et à mesure le beurre coupé en morceaux. Pétrir à la main jusqu'à obtention d'une pâte élastique.

4 • Couvrir d'un linge propre et laisser lever dans un endroit chaud, loin des courants d'air.

5 • Retravailler la pâte puis ajouter les raisins et les fruits confits.

6 • Verser la pâte dans un moule en papier sulfurisé, couvrir d'un linge et laisser lever encore au moins 1 h.

7 • Préchauffer le four à 180 °C (th. 6).

8 • Cuire environ 30 min, jusqu'à ce que le panettone soit doré. Laisser refroidir.

Pains de fruits secs

500 g de poires séchées
200 g de pruneaux dénoyautés
180 g de figues
120 g de raisins secs
120 g de dattes
60 g de citron confit
60 g d'orange confite
200 g de noix
120 g de noisettes
1 verre de kirsch
1 c. à c. d'anis en poudre
1/2 c. à c. de clous de girofle en poudre
1/2 c. à c. de muscade en poudre
1 c. à c. de cannelle en poudre
350 g de farine
1 pincée de sel
25 g de levure de boulanger
100 g de sucre en poudre

1 • La veille, faire cuire les poires et les pruneaux dans de l'eau, afin de les réhydrater, puis garder le jus de cuisson.
2 • Couper les fruits en morceaux ; hacher les noix et les noisettes.
3 • Mettre le tout dans un bol et ajouter le kirsch, ainsi que les épices. Mélanger et laisser macérer toute une nuit.
4 • Faire une pâte à pain très simple. Verser la farine dans un saladier, ajouter du jus de cuisson des fruits, la pincée de sel et la levure de boulanger. Pétrir à la main et faire une boule. Laisser reposer la boule de pâte une bonne heure au chaud recouverte d'un torchon propre afin qu'elle puisse lever. Au bout de 1 heure, la pétrir à nouveau afin de retirer l'air.
5 • Ajouter le sucre aux fruits et bien mélanger.
6 • Une fois la pâte levée, mélanger tous les fruits à la pâte, très soigneusement. Former des petits pains allongés.
7 • Poser les pains sur une plaque garnie de papier sulfurisé et les badigeonner d'un sirop réalisé avec le jus de fruits restant.
8 • Préchauffer le four à 180 °C (th. 6).
9 • Cuire 1 h à four chaud, puis laisser refroidir sur une grille.

Bûchettes en meringue

100 g de chocolat
2 c. à s. de crème fraîche
40 g de beurre
1 jaune d'œuf
1 paquet de meringues pâtissières
2 rouleaux de chocolat
Sucres de Noël

1 • Mettre le chocolat coupé en morceaux dans une casserole.
2 • Ajouter la crème et faire fondre à feu doux, en remuant.
3 • Ajouter le beurre sans cesser de remuer, puis retirer du feu.
4 • Ajouter le jaune d'œuf en dernier, puis laisser refroidir.
5 • Déposer une bonne couche de chocolat sur le côté plat d'une meringue. Y coller une autre meringue.
6 • Recouvrir le dessus des meringues de chocolat, lisser avec une fourchette, puis décorer avec les rouleaux de chocolat et les sucres de Noël.

Étoile à la pâte d'amandes

125 g de pâte d'amandes blanche nature
120 g de beurre ramolli extrafin
50 g de sucre en poudre
1/2 c. à c. de liqueur d'amande amère
3 œufs
50 g de farine avec levure
Sucre glace

1 • Couper en petits morceaux la pâte d'amandes.
2 • Verser dans le bol d'un mixeur la pâte d'amandes, le beurre, le sucre, l'amande amère, les œufs, la farine avec levure.
3 • Mixer jusqu'à ce que le mélange soit homogène et lisse.
4 • Préchauffer le four à 180 °C (th. 6).
5 • Verser dans le moule et cuire environ 40 min.
6 • Laisser refroidir sur une grille et démouler avant de servir. Saupoudrer de sucre glace et ajouter des étoiles au chocolat.

Bonhomme de neige à la noix de coco

25 cl de lait
1 gousse de vanille
2 jaunes d'œufs
20 g de farine
100 g de beurre ramolli
100 g de sucre en poudre
2 génoises de tailles différentes
Noix de coco en poudre ou sucre en grains

1 • Faire bouillir le lait avec la gousse de vanille incisée.
2 • Mélanger dans un bol les jaunes d'œufs avec la farine.
3 • Enlever la gousse de vanille et verser doucement le lait dans le bol, puis mélanger au fouet.
4 • Mettre le tout dans une casserole puis cuire doucement, en battant.
5 • Retirer du feu et laisser refroidir à température ambiante.
6 • Battre le beurre et le sucre en crème dans un saladier.
7 • Ajouter cette crème au mélange précédent, en fouettant jusqu'à obtention d'une texture homogène.
8 • Déposer les deux génoises sur un plat, de façon à former le corps et la tête du bonhomme. Couper si nécessaire.
9 • Recouvrir de crème pâtissière, puis lisser avec une spatule.
10 • Saupoudrer largement de noix de coco ou de sucre en grains. Décorer de manière à donner l'apparence d'un bonhomme de neige (grains de chocolat, bâtons de cannelle, pâte d'amandes, etc.).

Sapins de Noël à l'orange

110 g de beurre ramolli
110 g de sucre en poudre
2 œufs
110 g de farine
1 grosse orange
1 c. à c. de levure chimique
Sucre glace
Sucres de Noël

1 • Dans un bol, assouplir le beurre coupé en morceaux à l'aide d'une cuillère en bois.
2 • Ajouter le sucre petit à petit, puis les œufs, un à un. Mélanger vivement. Incorporer la farine puis ajouter le jus de l'orange et le zeste taillé en lanières.
3 • Verser la levure. Mélanger afin que la pâte soit homogène, puis verser dans des petits moules en forme de sapin.
4 • Préchauffer le four à 180 °C (th. 6).
5 • Cuire les sapins environ 30 min.
6 • Saupoudrer de sucre glace et décorer de sucres de Noël ou de chocolats de Noël.

Gâteau meringué

250 g de chocolat au lait
80 g de beurre
3 œufs
40 g de sucre en poudre
1 pincée de sel
1 génoise
3 grosses meringues boulangères
1 paquet de petites meringues rondes
Sucre glace
Billes argentées

1 • Faire fondre le chocolat avec le beurre, à feu doux.
2 • Séparer les blancs des jaunes d'œufs.
3 • Hors du feu, ajouter le sucre, puis les jaunes. Mélanger.
4 • Monter les blancs en neige avec la pincée de sel.
5 • Incorporer les blancs au chocolat et réserver au frais.
6 • Déposer la génoise dans un moule, la couper si elle déborde.
7 • Briser quelques meringues à la main et en saupoudrer une couche fine sur la génoise.
8 • Recouvrir de chocolat, ajouter une nouvelle couche de meringue puis mettre au frais.
9 • Démouler sur un plat puis recouvrir les bords et le dessus de petites meringues.
10 • Saupoudrer de sucre glace et parsemer de billes argentées.

Moelleux aux épices

4 œufs
120 g de sucre roux en poudre
80 g de beurre frais
3 c. à s. de miel de sapin
120 g de farine avec levure
1 c. à s. de cannelle moulue
1 pincée de gingembre en poudre
1 pincée de cardamome en poudre
1 pincée de girofle en poudre
1 pincée de macis en poudre
1 pincée de sel
Beurre pour le moule
1 boîte de fromage à la crème, (Philadelphia® ou Saint-Moret®)
25 cl de crème fleurette
3 sachets de sucre vanillé

1 • Préchauffer le four à 180 °C (th. 6).

2 • Séparer les blancs des jaunes délicatement. Dans le saladier contenant les jaunes, ajouter le sucre et mélanger jusqu'à ce qu'il soit crémeux.

3 • Faire fondre le beurre dans une casserole et l'ajouter ainsi que le miel et la farine. On obtient un mélange onctueux ; ajouter les épices.

4 • Monter ensuite les blancs en neige avec une pincée de sel.

5 • Ajouter les blancs au mélange précédent sans les casser, délicatement.

6 • Beurrer des moules à cupcake ou un moule à gâteau. Y verser le mélange et faire cuire au four 20 min.

7 • Démouler et laisser refroidir sur une grille.

8 • Préparer le glaçage dans un bol. Verser le fromage à la crème et le détendre en le mélangeant à l'aide d'une cuillère en bois.

9 • Monter ensuite en chantilly la crème fleurette et y ajouter le sucre vanillé à la fin.

10 • Ajouter la chantilly au fromage à la crème et goûter pour rajouter du sucre si nécessaire.

11 • Verser le mélange dans une poche à douille et glacer les gâteaux. On peut aussi les glacer à l'aide d'une fourchette.

Grosses tuiles aux amandes

250 g d'amandes effilées
160 g de sucre en poudre
30 g de farine
140 g de blanc d'œuf (3 ou 4 œufs)
50 g de beurre

1 • Verser dans un saladier les amandes effilées, le sucre et la farine. Ajouter le blanc d'œuf et bien mélanger.

2 • Faire fondre le beurre, attendre 5 min et l'ajouter au mélange précédent.

3 • Laisser la pâte au frais 1 heure. Au bout de ce temps, préchauffer le four à 180 °C (th.6).

4 • Chemiser une tôle à four.

5 • Déposer un grand disque de pâte à l'aide d'une cuillère à soupe. L'étaler en écrasant légèrement les amandes.

6 • Faire cuire au four une dizaine de minutes en surveillant.

7 • Décoller la tuile et la faire sécher sur un saladier pour qu'elle prenne une forme de tuile. Renouveler l'opération.

Crème au chocolat noir et zestes de clémentine confits

4 jaunes d'œufs
60 g de sucre fin
200 g de chocolat noir
15 cl de lait entier
12 cl de crème liquide
250 g de confiture de clémentines
2 c. à s. de zestes de clémentine confits

1 • Verser les jaunes d'œufs dans un saladier et ajouter le sucre. Fouetter jusqu'à ce que le mélange blanchisse.
2 • Casser le chocolat en petits morceaux.
3 • Porter à ébullition le lait et la crème dans une casserole.
4 • Verser le mélange sur les œufs en fouettant bien.
5 • Reverser dans la casserole et faire cuire jusqu'à ce que le mélange prenne et épaississe.
6 • Verser ensuite sur le chocolat en mélangeant pour qu'il fonde vite. Ajouter la confiture de clémentines.
7 • Mixer afin que la préparation soit bien lisse et passer au chinois si nécessaire.
8 • Verser dans des petits pots et laisser prendre 3 h.
9 • Avant de servir, ajouter des zestes de clémentine confits.

PCT patent pending

JOYEUX
NOËL!

Confiture de Noël

4 oranges non traitées
2 citrons non traités
1 gousse de vanille
2 bâtons de cannelle
460 g de sucre
60 g d'amandes mondées

1 • Découper en cubes les oranges et les citrons sans les éplucher.
2 • Verser le tout dans une casserole et ajouter le sucre.
3 • Fendre la gousse de vanille et l'ajouter à la préparation. Ajouter aussi la cannelle.
4 • Laisser reposer 2 h.
5 • Cuire la confiture 1 h.
6 • Faire griller à sec les amandes dans une poêle.
7 • Enlever la vanille et la cannelle. Mixer grossièrement la confiture. C'est meilleur avec des petits morceaux.
8 • Ajouter les amandes et verser dans des pots précédemment stérilisés dans de l'eau bouillante.
9 • Bien fermer les pots. Attendre quelques jours avant de déguster la confiture.

Parfait au chocolat et aux fruits secs

200 g de chocolat noir
4 jaunes d'œufs
125 g de sucre en poudre
125 g de lait frais
200 g de crème fleurette
110 g de fruits secs (amandes, noisettes, pignons, pistaches)
1 c. à s. de poudre de cacao

1 • Faire fondre le chocolat au bain-marie.
2 • Dans un saladier, verser les jaunes d'œufs et la moitié du sucre puis battre en crème.
3 • Verser le lait dans une casserole et y ajouter le reste du sucre. Porter à ébullition.
4 • Verser ce mélange sur la préparation jaunes-sucre et bien mélanger.
5 • Reverser dans la casserole et laisser cuire à feu doux jusqu'à épaississement.
6 • Ôter du feu et ajouter le chocolat. Fouetter jusqu'à refroidissement, verser petit à petit la crème.
7 • Enfin, ajouter le mélange de fruits secs. On ne concasse pas les fruits secs mais on peut les hacher grossièrement.
8 • Verser dans un moule ou dans des petits ramequins et laisser prendre au congélateur pendant un nuit.
9 • Saupoudrer de cacao avant de servir.

Pavlova aux fruits d'hiver

3 blancs d'œufs
200 g de sucre fin
1 ananas victoria
1 orange
1 mangue
1 carambole
1 kiwi
1 fruit de la Passion
20 cl de crème fleurette

1 • Préchauffer le four à 125 C° (th. 4-5).
2 • Verser les blancs d'œufs dans un saladier.
3 • Mettre le sucre dans un mixeur et mixer pour qu'il soit très fin.
4 • À l'aide d'un fouet électrique, monter les blancs en neige ferme puis ajouter petit à petit le sucre. On obtient un mélange lisse et brillant.
5 • Chemiser la plaque du four et y déposer la préparation en disque.
6 • Cuire au four 15 min puis arrêter le four. Laisser la meringue dans le four jusqu'à ce qu'il soit froid.
7 • Préparer les fruits en les épluchant. Les couper en lamelles et en dés.
8 • Monter la crème fleurette en chantilly.
9 • Avant de servir, garnir la meringue de fruits et de chantilly.

Tarte à l'orange et copeaux de chocolat

150 g de farine
1 pincée de cardamome en poudre
25 g de sucre roux en poudre
125 g de beurre à température ambiante
2 oranges non traitées
2 c. à s. de jus de citron
15 cl de crème liquide
50 g de beurre
50 g de sucre en poudre
2 œufs
1 pincée de sel
3 barres de chocolat noir

1 • Préparer la pâte. Dans un saladier, verser la farine, la cardamome et le sucre roux.
2 • Ajouter petit à petit le beurre et travailler du bout des doigts.
3 • Ajouter 1 c. à s. d'eau. La pâte doit être souple.
4 • Laisser reposer la pâte au frais pendant 1 h.
5 • Préchauffer le four à 180 °C (th. 6). Garnir de pâte un moule à tarte, piquer le fond avec une fourchette. Cuire au four 20 min.
6 • Laver les oranges et prélever le zeste à l'aide d'un zesteur. Mettre les zestes dans un bol, ajouter le jus des oranges, le jus de citron et la crème.
7 • Faire fondre le beurre dans une casserole et y ajouter le sucre.
8 • Séparer les blancs des jaunes d'œufs. Hors du feu, ajouter les jaunes d'œufs, le sel puis le mélange précédent. Bien remuer. Monter les blancs en neige et les incorporer délicatement au mélange.
9 • Verser le tout sur la tarte et cuire une trentaine de minutes.
10 • Découper des copeaux de chocolat à l'aide d'un économe et les répartir sur la tarte. Servir tiède.

Gâteau renversé à l'ananas

1 gros ananas
4 c. à c. de fécule de maïs
50 g de cassonade
50 g de beurre
1 c. à s. de zeste de citron
5 cl d'huile d'olive
75 g de sucre brun en poudre
150 g de farine avec levure
1 c. à s. de cannelle moulue

1 • Préchauffer le four à 180 °C (th. 6).
2 • Découper l'ananas en cubes et garder le jus dans un bol.
3 • Verser la fécule dans le jus d'ananas et bien mélanger.
4 • Verser dans une casserole, ajouter la cassonnade, le beurre en dés et 12,5 cl d'eau. Porter à ébullition jusqu'à ce que le mélange épaississe. Réserver.
5 • Dans une casserole, mettre l'huile d'olive, le sucre brun et 15 cl d'eau puis chauffer jusqu'à dissolution du sucre. Ajouter la farine et la cannelle.
6 • Ajouter la préparation de sirop de sucre précédente et bien mélanger.
7 • Beurrer un moule et y déposer les cubes d'ananas.
8 • Verser ensuite la préparation en recouvrant l'ananas de pâte.
9 • Cuire une trentaine de minutes. À la sortie du four, démouler sur une assiette. Déguster tiède ou froid.

Gâteau glacé au chocolat

150 g de chocolat noir
220 g de beurre
300 g de farine avec levure
260 g de sucre roux en poudre
15 cl de crème fraîche
2 œufs
200 g de chocolat noir
5 c. à s. de crème liquide
1 c. à s. de beurre

1 • Casser le chocolat en morceaux dans une casserole et ajouter le beurre. Faire fondre doucement en ajoutant 15 cl d'eau.
2 • Ajouter ensuite la farine et le sucre puis la crème et les œufs. Bien mélanger de façon à obtenir une pâte homogène.
3 • Verser la préparation dans un moule ou dans des petits moules à cupcake ou à muffin.
4 • Cuire au four une trentaine de minutes.
5 • Préparer le glaçage. Faire fondre doucement le chocolat dans la crème puis ajouter le beurre. Travailler pour que la préparation soit lisse puis ajouter le beurre et laisser refroidir.
6 • Glacer le ou les gâteaux.

Remerciements

Merci à Géraldine

Merci à PCB création
pour toutes les décorations de Noël.
www.pcb-creation.fr

Crédits photographiques

Toutes les photographies de l'ouvrage sont d'Isabelle Schaff
à l'exception des photos p. 44 à 49 et p. 70 à 86
qui sont de Sophie Murterer.

Conception graphique : Marine Cospérec et Aurélie Lequeux
Mise en pages : Aurélie Lequeux
Coordination éditoriale : Gracieuse Licari
Photogravure : Peggy Huyn-Quan-Suu
Fabrication : Cédric Delsart

ISBN : 978-2-84567-793-7
Dépôt légal : novembre 2012
Achevé d'imprimer en octobre 2012
Imprimé en Espagne